BEI GRIN MACHT SICH IHR WISSEN BEZAHLT

- Wir veröffentlichen Ihre Hausarbeit, Bachelor- und Masterarbeit

- Ihr eigenes eBook und Buch - weltweit in allen wichtigen Shops

- Verdienen Sie an jedem Verkauf

Jetzt bei www.GRIN.com hochladen und kostenlos publizieren

Marktanalyse und Marketingkonzept für die Einführung eines EMS-Studios

Bibliografische Information der Deutschen Nationalbibliothek:

Die Deutsche Nationalbibliothek verzeichnet diese Publikation in der Deutschen Nationalbibliografie; detaillierte bibliografische Daten sind im Internet über http://dnb.d-nb.de abrufbar.

ISBN: 9783389027134
Dieses Buch ist auch als E-Book erhältlich.

© GRIN Publishing GmbH
Trappentreustraße 1
80339 München

Druck und Bindung: Books on Demand GmbH, Norderstedt Germany
Gedruckt auf säurefreiem Papier aus verantwortungsvollen Quellen

Das vorliegende Werk wurde sorgfältig erarbeitet. Dennoch übernehmen Autoren und Verlag für die Richtigkeit von Angaben, Hinweisen, Links und Ratschlägen sowie eventuelle Druckfehler keine Haftung.

Das Buch bei GRIN: https://www.grin.com/document/1467105

Deutsche Hochschule für
Prävention und Gesundheitsmanagement
Hermann-Neuberger-Sportschule 3
66123 Saarbrücken

Hausarbeit

Studiengang	MBA Sport- und Gesundheitsmanagement
Studienmodul	MBA Marketing
Datum Präsenzphase (siehe Ergebnisdokumentation)	15.05-17.05.2023
Aufgabe	Marktanalyse und Marktkonzept erstellen für ein Produkt bzw. eine Dienstleitung

Inhaltsverzeichnis

1 Vorstellung des Unternehmens und der neuen Dienstleistung

Im Folgenden wird das bisherige Unternehmen BodyAttack Sports Nutrition GmbH & Co. KG vorgestellt und die neue Dienstleistung, ein EMS-Studio, welches auf den Markt gebracht wird, beschrieben. Hierbei erfolgt die genaue Betrachtung der Produkt-, Distributions- und Kontrahierungspolitik. Es wird aufgezeigt, wie sich der neue Markt von dem bisherigen Markt unterscheidet.

1.1 Vorstellung des Unternehmens

Im Folgenden wird das Unternehmen BodyAttack Sports Nutrition GmbH & Co. KG näher beleuchtet. Es handelt sich hierbei um eine der führenden Onlineshops, welcher es ermöglicht die Produkte in mehr als 48 Ländern weltweit auszuliefern. Das Unternehmen verkörpert einer der größten Store-Ketten für Sport- und Diätnahrung in Deutschland. Es werden hierbei über 200 Mitarbeiter beschäftigt und der Store ist in 21 Städten vertreten (BodyAttack Sports Nutrition GmbH & Co. KG, 2013).

1.2 Vorstellung der neuen Dienstleistung

BodyAttack Sports Nutrition GmbH & Co. KG entscheidet sich eine neue Dienstleistung, ein EMS-Studio, auf den Markt zu bringen. Dadurch erhofft sich das Unternehmen von einem reinen Sportnahrungsmittelanbieter auch Fuß in der Fitnessstudiobranche zu fassen und dadurch nicht nur gesunde Ernährung, sondern auch die Wichtigkeit von sportlicher Aktivität in den Vordergrund zu bringen.

Im Folgenden werden hierfür drei der klassischen marketingpolitischen Instrumente Produkt-, Distributions- und Kontrahierungspolitik betrachtet (Bruhn, 2016, S. 27).

Zunächst wird auf die Produktpolitik, der neuen Dienstleistung, eingegangen. Bruhn (2016, S. 18) beschreibt, dass die Produktpolitik alle Entscheidungen umfasst, die sich auf die Gestaltung der von dem Unternehmen auf dem Absatzmarkt angebotenen Leistungen beziehen. Das EMS-Training ist ein effektives, funktionales Ganzkörpertraining, welches 1–2-mal in der Woche in 20 Minuten unter Stromeinfluss absolviert wird. Die

Trainierenden werden hierbei durch einen Personaltrainer begleitet. Neben dem Training mit dem eigenen Körpergewicht werden auch Kettle Bells, Therabänder, Kurzhanteln in das Training mit integriert. Zusätzlich kann ein Cardio-Training durch einen Crosstrainer durchgeführt werden, welches ebenfalls unter Einwirkung von Strom erfolgt. Auch das Training auf Grund von Rehabiliationszwecken ist durch die individuelle Reizsetzung des EMS-Trainings möglich. Um den Mitgliedern eine zusätzliches Wohlfühlprogramm neben dem Training zu bieten, kann eine Wassermassageliege genutzt werden.

Es erfolgt die Sicht auf die Distributionspolitik. Bruhn (2016, S. 19) beschreibt die Distributionspolitik als Entscheidungen und Maßnahmen eines Unternehmens, die notwendig sind, damit die Kunden die angebotenen Leistungen nutzen können. Das EMS-Studio soll direkt an den Store von BodyAttack angeschlossen sein, damit die Zusammengehörigkeit direkt ersichtlich wird.

Als drittes wird auf die Kontrahierungspolitik eingegangen. Hierbei handelt es sich um Entscheidungen des Unternehmens, wie das Entgelt des Leistungsangebots und mögliche Konditionen z.B. Rabatte oder Liefer- und Zahlungsbedingungen (Dunker, 2006, S.31). Bei Abschluss einer zwölf-Monatigen Mitgliedschaft beträgt der wöchentliche Beitrag 20,- Euro. Die monatlich kündbaren Verträge werden mit 30,-Euro pro Woche berechnet. Wird die Massageliegeflat dazugebucht, so erhöht sich der Beitrag um 5,- Euro pro Woche. Wirbt der Kunde ein neues Mitglied, erhalten beide einen 10,-Euro Gutschein auf die Mitgliedschaft. Des Weiteren erhalten die Mitglieder des EMS-Studio auf jeden Einkauf im BodyAttack Store 25% Rabatt auf ihren Einkauf.

Der bisherige Markt, auf dem BodyAttack tätig ist, ist der Markt für Sportnahrung. Bei der neuen Dienstleistung handelt es sich um den Fitnessmarkt. Während es auf dem bisherigen Markt um das reine Verkaufen von Sportnahrung ging, wird nun auch auf die sportliche Aktivität der Kunden Fokus gelegt und es findet eine aktive Interaktion mit den Kunden statt. Das Unternehmen steht somit also nicht nur für den Verkauf von gesunden Nahrungsmitteln, sondern verkörpert auch, dass die sportliche Aktivität eine wichtige Rolle spielt.

2   Marktanalyse

Das Unternehmen BodyAttack hat wie bereits erwähnt mehrere Standorte in Deutschland. Für den Testmarkt wird der Standort Westenhellweg 102-106 in 44137 Dortmund betrachtet, worauf sich die Marktanalyse im Folgenden bezieht.

Zur Bestimmung des Marktgebietes wird die Zeit-Distanz-Methode verwendet. Diese sagt aus, dass die Kunden die Erreichbarkeit eines Standortes in Abhängigkeit von der Zeit beurteilen (Zimmermann, 2002, S.43 ff.). Das Marktgebiet wurde so gewählt, dass die längste Anfahrtszeit zum EMS-Studio fünfzehn Minuten mit den öffentlichen Verkehrsmitteln beträgt.

2.1   Makroumfeld

Es folgt die Analyse des Makroumfelds. Hierbei wird Bezug auf demografische, wirtschaftliche und politisch-rechtliche Faktoren genommen.

Im Jahr 2022 weist Dortmund eine Einwohnerzahl von 609.546 auf. Hiervon sind 178.856 18–40-Jährige, 204.167 40–65-Jährige und 123.033 65-Jährige und älter (Dortmunder Statistik, S. 13, 2023). Die unter 18-Jährigen werden außer Acht gelassen, da diese noch nicht Vertragsmündig sind. In der Abbildung 1 wird der demografische Wandel bis 2030 der Dortmunder Hauptwohnbevölkerung aufgezeigt. Tendenziell kann gesagt werden, dass nur ein geringer Abfall der Bevölkerungszahl zu erwarten ist (Dortmunder Statistik, 2022) und somit kaum bis gar keine Auswirkungen auf das EMS-Studio übertragbar sind.

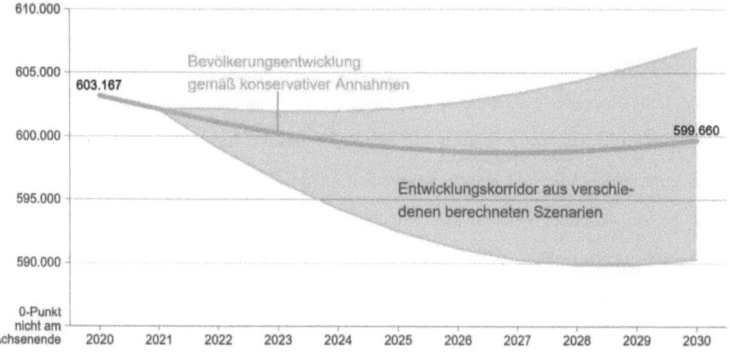

Abbildung 1: Dortmunder Hauptwohnbevölkerung im Zeitverlauf von 2020 bis 2021 (Dortmunder Statistik, 2022)

Die darauffolgende Abbildung 2 zeigt die Hauptwohnbevölkerung nach Altersgruppen von 2020 und 2030 im Vergleich. Zu erkennen ist, dass auch mit dem demografischen Wandel die Altersspanne 30-80 Jahre am meisten vertreten ist (Dortmunder Statistik, 2022). Der Mensch verliert ab dem 30. Lebensjahr bis zu zehn Prozent Muskeln, welche dann zu Fett umgewandelt werden. Wird kein Sport betrieben, so weist man einen Verlust von 40 Prozent der Muskelmasse bis zum 80. Lebensjahr auf (Norddeutscher Rundfunk, 2019). Entsprechend sollte spätestens mit dem Eintritt in das 30. Lebensjahr aktiv Sport betrieben werden, was in Form von EMS-Training erfolgen kann, um den Muskelverlust entgegenzuwirken.

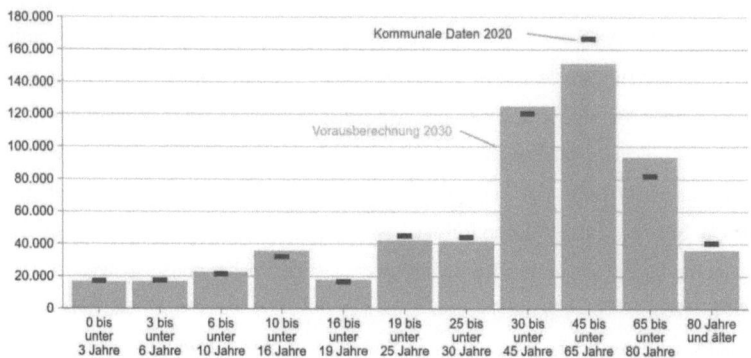

Abbildung 2: Dortmunder Hauptwohnbevölkerung nach Altersgruppen von 2020 und 2030 im Vergleich (Dortmunder Statistik, 2022)

Es folgt die Betrachtung der wirtschaftlichen Erfolgsaussichten in Bezug auf die Kaufkraft, die Einkommensverteilung und die Arbeitslosenquote. Dortmund weist im Jahr 2022 einen Kaufkraftindex von 89,9 auf. Für ganz Deutschland wird ein Kaufkraftindex von 100 gemessen (Michael Bauer Research GmbH, 2022). Daher kann der Wert von 89,9 als gut eingeordnet werden. Im Jahr 2020 wird in Dortmund ein durchschnittlich verfügbares Einkommen pro Einwohner von 20.363€ gemessen. Damit verfügt Dortmund ein eher geringeres verfügbares Einkommen im Vergleich zu anderen großen Städten in Deutschland (Keller, 2023). Die durchschnittliche Arbeitslosenquote in Dortmund im Jahr 2021 beträgt 11,4 Prozent (Statista Research Department, 2023a). Im Vergleich beträgt die durchschnittliche Arbeitslosenquote in Deutschland im Jahr 2021 5,7 Prozent (Keller, 2023a). Daher ist dieser Wert als hoch einzustufen.

Aktuell können keine rechtlich politischen Faktoren, die Auswirklungen auf die Eröffnung des EMS-Studios haben, genannt werden.

2.2 Mikroumfeld

Im Folgenden wird das Mikroumfeld analysiert. Hierbei werden zwei Mitbewerber hinsichtlich ihrer Zielvorstellungen, ihren Strategien, den Stärken und Schwächen und dem möglich Reaktionsprofil betrachtet. Im Anschluss werden mögliche Kooperationen aufgezeigt.

Es wird der Mitbewerber FitX unter den genannten Punkten analysiert. Das Studio befindet sich in der Bornstraße 160 in 44145 Dortmund. FitX hat die Zielvorstellung seine Vision „Fitness für alle" umzusetzen und dementsprechend weiter zu wachsen und bundesweit zahlreiche Studios zu eröffnen. Um diese Zielvorstellung zu erreichen, setzt das Unternehmen auf Expansion und präsentiert hierfür das Anforderungsprofil auf ihrer Website. Mit einem monatlichen Beitrag von 24,- Euro kann das Unternehmen als Discounter Studio bezeichnet werden und unterscheidet sich daher preislich stark von dem EMS-Konzept. FitX weist die Stärke auf, dass es seit 2009 vertreten ist, mehrere Standorte aufweist, einen hohen Bekanntheitsgrad, Öffnungszeiten von 24 Stunden hat und den Mitgliedern Zugang zu allen Filialen von FitX ermöglicht wird (FitX Deutschland GmbH, 2023). Als Schwäche kann genannt werden, dass die Trainierenden bei FitX größtenteils

6

auf sich allein gestellt sind, während das EMS-Training dauerhaft von Personaltrainings geprägt ist. FitX bietet kein EMS-Training an, daher ist zu vermuten, dass hier eine friedliche Koexistenz entsteht und das Reaktionsprofil keine Veränderungen aufzeigt.

Der zweite Mitbewerber, welcher analysiert wird, ist Terra Sports. Das Unternehmen befindet sich in der Kaiserstraße 102 in 44135 Dortmund. Terra Sports verkörpert auf Ihrer Website vor allem die Kundenbindung als einer Ihrer wichtigsten Ziele. Dabei setzen Sie auf individuelle Beratung und Betreuung. Vorteile von Terra Sports sind, dass diese bereits seit 2014 existieren, der Bekanntheitsgrad entsprechend hoch ist und mehrere Standorten vertreten sind. Eine Schwäche des Unternehmens im Vergleich zur neuen Dienstleistung von BodyAttack ist der Preis einer Mitgliedschaft, da diese teurer ist und entsprechend unattraktiver auf die Kunden wirken kann (Terra Tports GmbH, 2023). Des Weiteren hat das EMS-Studio von BodyAttack die bessere Standortlage auf Grund der Nähe zum Hauptbahnhof. Da es sich bei Terra Sports ebenfalls um ein reines EMS-Studio handelt, ist mit keiner friedlichen Koexistenz zu rechnen, da die Unternehmen im direkten Konkurrenzkampf stehen. Als Reaktionsprofil kann erwartet werden, dass das Unternehmen die Preise senken wird.

Mögliche Kooperationen, die das Unternehmen eingehen könnte, wären mit den Umliegenden Hotels wie zum Beispiel dem NCYCE Hotel Dortmund City und dem Hotel Unique Dortmund Hotelbahnhof. Alle Mitarbeiter erhalten 50% Rabatt beim Abschluss einer Mitgliedschaft, die restlichen 50% übernimmt der Arbeitgeber. So sichert der Arbeitgeber die Mitarbeitergesundheit, -bindung und -motivation. Da es sich hierbei um größere Hotels handelt, können so einige Mitglieder generiert werden.

3 Strategische Marketingplanung

Marketingziele bestimmen zukünftige Sollzustände, die mit Hilfe von Marketingstrategien und Marketinginstrumente realisiert werden sollen (Becker, 2013, S. 61). In der folgenden Tabelle werden zwei langfristige Marketingziele für die Dienstleistung aufgezeigt.

Tab. 1: Langfristige Marketingziele (eigene Darstellung)

Langfristige Marketingziele	
1.	Im ersten Geschäftsjahr sollen 200 Mitglieder generiert werden
2.	Im ersten Geschäftsjahr sollen 50 Prozent der Einwohner im Marktgebiet das EMS-Studio kennen

Zunächst wird das zielgruppenorientierte Marketing betrachtet. Hier wird der Gesamtmarkt in verschiedene Marktsegmente unterteilt. Es folgt die Auswahl von einem oder mehreren Segmenten und die Entwicklung von Leistungen sowie Marketingprogrammen auf das entsprechende Segment (Kotler, Keller & Bliemel, 2007, S.456).

Das zielgruppenorientierte Marketing besteht aus der Marktsegmentierung, Zielmarktfestlegung und Positionierung (Kotler & Bliemel, 2006; s. 415 f.).

Pepels (2012, S. 51) definiert die Marktsegmentierung als Aufteilung eines heterogenen Gesamtmarktes in abgrenzbare, in sich möglichst homogene Teilmärkte. Dadurch wird ermöglich, dass Zielgruppen voneinander abgegrenzt werden (Kroeber-Riel, W. & Weinberg, 1999, S. 213).

In der folgenden Tabelle werden die anfänglichen Zielgruppen des EMS-Studios aufgezeigt.

Tab. 2: Anfängliche Zielgruppen (eigene Darstellung)

Anfängliche Zielgruppen	
1.	Alle Einwohner ab 18. Jahren des Marktgebiets (Erreichbarkeit mit öffentlichen Verkehrsmitteln in maximal 15 Minuten)
2.	Personen mit wenig Zeit (beispielsweise Führungskräfte/Manager oder Vollzeitarbeitende Elternteile
3.	Personen, die nicht anonym und in großen Fitnessstudio trainieren wollen
4.	Reha-Patienten, die EMS als Rehabilitation anwenden
5.	Sportler, die EMS als ergänzendes Training einbauen wollen
6.	Senioren, die gegen den Verlust von Muskelmasse ankämpfen wollen

Die Zielmarktfestlegung beinhaltet die Bewertung der vorliegenden Marktsegmente und die Auswahl eines oder mehrerer Segmente (Freter, 2008, S. 33). Im Rahmen der Zielmarktfestlegung wird festgelegt, dass der Fokus auf den ersten beiden Marktsegmentierungen liegt. Die Wahl fällt auf alle Einwohner ab 18. Jahren des Marktgebiets, da so ein Großteil an Personen abgedeckt wird und eine schnelle Erreichbarkeit des Studios für die Mitglieder gesichert ist. Die Zielgruppe der Personen mit wenig Zeit ist gekennzeichnet durch einen vollen Terminplaner. EMS ermöglicht durch ein 20 Minuten Workout ein zeitsparendes und trotzdem effektives Training und lässt sich daher auch gut in einen stressigen Alltag integrieren (Erlebe den Impuls, 2020). Mit dem Aspekt des zeitsparendes Trainings kann geworben werden.

Es folgt die Positionierung. Griese & Bröring (2011, S.130) definieren die Positionierung als eine klare und einzigartige Profilierung der angebotenen Leistung in der Vorstellung der Zielgruppe im Vergleich zu Konkurrenzangeboten. BodyAttack möchte sich mit dem EMS-Studio mit einem sehr guten Image in Form von Kundenbetreuung positionieren. Um dies zu erreichen, steht vor allem die umfassende Betreuung und Beratung der Kunden durch Anamnesegespräche, einer ausführlichen Einführung in die Thematik EMS, entsprechend an den Kunden angepasste Personaltrainings und regelmäßige Zufriedenheitsgespräche mit den Kunden im Vordergrund. Dabei werden nur fachlich kompetente Mitarbeitern mit den entsprechenden Qualifikationen eingestellt. Das Unternehmen setzt vor allem auf das Empfehlungsmarketing, um so durch Mundpropaganda der zufriedenen Mitglieder neue Mitglieder generieren zu könne.

Die strategische Stoßrichtung des Unternehmens in Bezug auf mögliche Produkt-Markt-Kombinationen werden durch die Marktfeldstrategie festgelegt (Esch et ak., 2011, S. 170). Marktfeldstrategien sind für die Entwicklung und das Wachstum des Unternehmens ein wichtiger Bestandteil (Becker, 2013, S 148). In der folgenden Tabelle ist die Produkt-Markt-Matrix abgebildet.

Tab. 3: Die Produkt-Markt-Matrix nach Ansoff (modifiziert nach Weis, 1999, S. 77)

	Bestehende Märkte	Neue Märkte
Bestehende Leistungen	**Marktdurchdringung** -Marktbesetzung' -Marktverdrängung	**Marktentwicklung** -Internationalisierung -Marktsegmentierung
Neue Leistungen	**Produktentwicklung** -Produktinnovation -Produktdifferenzierung	**Diversifikation** -vertikal -horizontal -lateral

Das Unternehmen BodyAttack führt eine neue Leistung in ein für das Unternehmen neuen Markt und befindet sich damit in der Diversifikation (Meffert et al., 2019, S. 308 ff.). Es handelt es sich um die vertikale Diversifikation, da BodyAttack mit dem Verkauf von Sportnahrung bereist ein Produkt anbietet, dass das Thema Gesundheit behandelt. Die Eröffnung eines EMS-Studios wird auf derselben Wortschöpfung vermarktet.

Porter (2000, S. 37) unterscheidet in drei Strategietypen die Kostenführerschaft, die Differenzierung und die Konzentration auf Schwerpunkte. BodyAttack entscheidet sich für die Differenzierungsstrategie. Hierbei wird versucht sich gegenüber der Konkurrenz bei einem oder mehreren Merkmalen abzuheben (Weis, 2010, S.77). BodyAttack fokussiert sich hier, wie auch schon bei der Positionierung aufgeführt, auf die umfangreiche und kompetente Betreuung und Beratung der Kunden.

Markenstrategien sind Einzelmarken-, Mehrmarken-, Markenfamilien-, Dachmarken und Markentransferstrategien. Es wird die Dachmarkenstrategie gewählt, bei der die Produkte und Dienstleistungen eines Unternehmens unter einer Marke zusammengefasst werden (Bruhn, 2016, S. 145 ff.; Meffert et al., 2000, S. 856 ff.). Sowohl der Sportnahrungsshop als auch das EMS-Studio laufen über den Namen BodyAttack. Ermöglicht wird dadurch eine unverwechselbare Unternehmens- und Markenidentität und die Profilierung der Dachmarke für beide Dienstleistungen. Das Floprisiko wird verringert und eine schnellere Akzeptanz bei den Konsumenten erreicht (Bruhn, 2016, S. 145 ff.; Meffert et al., 2000, S. 856 ff.), da BodyAttack bereits als ein führender Onlineshop in der Sportnahrungsszene bekannt ist.

4   Kommunikationskonzept

Absatzfördernde Kommunikation an die gegenwärtigen und potenziellen Kunden ist ein Bestandteil, um im Wettbewerb zu bestehen (Dunker, 2006, S. 139). Meffert et al. (2019, S: 633) beschreibt, dass die Kommunikationspolitik die systematische Planung, Gestaltung, Koordination und Kontrolle aller Kommunikationsmaßnahmen des Unternehmens im Hinblick auf alle relevanten Zielgruppen umfasst. Damit sollen die Kommunikationsziele und die nachgelagerten Marketing- und Unternehmensziele erreicht werden. Die klassischen Instrumente der Kommunikationspolitik sind Werbung, Direktmarketing, Verkaufsförderung, persönlicher Verkauf und die Öffentlichkeitsarbeiten (Kotler, Keller & Bliemel, 2007, S. 841). Betrachtet man diese nochmal differenziert empfiehlt sich außerdem Sponsoring, Eventmarketing, Product Placement und Online- und Social Media Marketing (Jung, 2006, S. 614; Weiss, 2009, S. 449).

Im Rahmen des operative Marketings wird im Folgenden ein cross-mediales Kommunikationskonzept entwickelt. Hierbei werden fünf kommunikationspolitische Instrumente verwendet, die in der Tabelle 4 aufgelistet werden.

Tab. 4: Kommunikationspolitische Instrumente zur Realisierung der Marketingziele (eigene Darstellung)

Instrumente	Kosten
Social Media Marketing - auf Facebook und Instagram - mit Hilfe der Social Media Agentur Dortmund	2500€ (Corssvertise,2013)
Plakat - Ort: Hoher Wall / Westenhellweg, 44137 Dortmund	99,90€/Tag inkl. Montage (Crossvertise, 2013a) - geplant für 7 Tage: 699,30€
Radio - Sender: Radio 91.2 - einen 20 Sek. Spot zwischen 15-18Uhr	221€ pro Tag - geplant für 7 Tage:1105,00€ (Crossvertise, 2013b)
Direktmarketing -1000 Postkarten in der Stadt Dortmund mit der Deutschen Post versenden	570€ (Deutsche Post,2013)
Puplic Relation - Tag der offenen Tür - 2500 Flyer in DIN A3, um die Aktion zu bewerben	200,04€ (Flyeralarm, 2013)

Als erstes wird das Instrument Social Media Marketing genannt. Vorteil dieses Instruments ist unteranderem, dass über soziale Medien Millionen Menschen erreicht werden können. Beiträge auf Facebook und Instagram werde durch Kommentare, Likes, Shares und Reposts verbreitet, so kann das Unternehmen an Bekanntheit gewinnen (Crossvertise, 2013).

In Dortmund gibt es über 2295 Plakatflächen. Die Wahl für das Plakat des EMS-Studios fällt auf Hoher Wall / Westenhellweg in 44137 Dortmund. Vorteile von Plakatwerbung sind unteranderem, dass diese nicht überhört oder abgeschaltet werden können. Vor allem mobile und kaufkräftige Interessenten werden erreicht (Crossvertise, 2013a).

Als nächstes wird das Radio gewählt. In diesem Fall der Lokale Radiosender Radio 91.2, welcher die Zielgruppe 20-49 Jahre verfolgt. Vorteile von Radiowerbung sind der schnelle Reichweitenaufbau und die zielgruppengenaue Ansprache. Radiowerbung in Dortmund erzielt überdurchschnittliche Erinnerungsraten (Crossvertise, 2013c).

Das Direkt-Mailing soll Personen mit einem Fußweg von fünf bis zehn Minuten erreichen. Auf der Postkarte soll direkt ein QR-Code zur Internetseite des EMS-Studios abgebildet werden, damit die Menschen direkt auf die Internetseite gelangen.

Geplant wird als Puplic Relation ein Tag der offenen Tür. Hier bietet das Unternehmen Snacks aus Ihrem BodyAttack Shop an und stellen das Konzept EMS vor. Die Wochen vor dem Tag der offenen Tür werden Flyer auf Promotion von den Mitarbeitern verteilt. Hierfür sind ca. 2500 Stück in Planung.

Im Marketingmanagement steht am Ende des Planungsprozesses die Kontrolle der Marketingaktivitäten im Rahmen des Marketingcontrollings (Bruhn, 2012, S. 239). Im Folgenden wird ein Budgetabgleich als Controlling-Möglichkeit durchgeführt. Das Budget für die Werbemaßnahmen beträgt zwei Prozent des Jahresumsatzes. Dieser wird auf ca. 260.000€ netto geschätzt. Damit hat das EMS-Studio ein Budget von 5200€ zur Verfügung. Insgesamt werden ca. 5074,34€ ausgegeben. Damit befindet sich das Unternehmen im Rahme des Möglichen.

Eine weitere Controlling-Möglichkeit ist die Balanced Scorecard (BSC). Hierbei handelt es sich um ein Steuerungs- und Kontrollkonzept, das die Strategien und operativen Aktivitäten integriert darstellt und auswertet (Weis, 2009, S. 559). Es werden im ersten Geschäftsjahr 200 Kunden angestrebt, welche hier als Kennzahl verwendet werden. BSC zeigt auf, ob das angestrebte Ziel effektiv mit dem Marketingkonzept erreicht werden kann.

Ebenfalls angewendet werden kann die Effizienzanalyse. Hier speziell im Hinblick auf die Effizienz der Werbung. Bruhn (2012, S. 298 f.), Poth & Poth (2003) und Weis (2009, S. 557) nennen hierbei einige Kennzahlen. Für das Kommunikationskonzept betrachten wir die Einschaltquote des Radiosenders, welche die Anzahl der Hörer angibt, die in den Sendezeiten des Werbespots eingeschaltet haben.

5   Literaturverzeichnis

Becker, J. (2009). *Marketing-Konzeption. Grundlagen des ziel-strategischen und operativen Marketing-Managements* (9., aktualisierte und erg. Aufl.). München: Vahlen.

Becker, J. (2013). *Marketing-Konzeption. Grundlagen des ziel-strategischen und operativen Marketing-Managements* (10. Aufl.). München: Vahlen.

Bruhn, M. (2010). *Marketing. Grundlagen für Studium und Praxis* (11. Aufl.). Wiesbaden: Springer.

Crossvertise (2013). Soical Media Werbung in Dortmund. Zugriff am 29.05.2023. Verfügbar unter: https://www.crossvertise.com/onlinewerbung/social-media-marketing/agentur/dortmund

Crossvertise (2013a). *Plakatwerbung in Dortmund. Alle Standorte, Preise und Verfügbarkeiten.* Zugriff am 29.05.2023. Verfügbar unter: https://www.crossvertise.com/plakatwerbung/dortmund

Crossvertise (2013b). Radio 91.2 – Radiowerbung einfach buchen. Zugriff am 29.05.2023. Verfügbar unter: https://market.crossvertise.com/de-de/radio-91-2-/media/radio/details/682937?spotsPerDay=1&isBudgetFixed=false&weekDaysSelected=1,2,3,4,5&dayHoursSelected=2&campaignStartDate=01.08.2023&isProductionRequired=false&campaignDuration=1

Crossvertise (2013c). Radiowerbung in Dortmund. Alle Radiosender, Preise und Mediadaten. Zugriff am 29.05.2023. Verfügbar unter: https://www.crossvertise.com/radiowerbung/dortmund

Bruhn, M. (2016). *Marketing. Grundlagen für Studium und Praxis* (13., aktualisierte Aufl.). Wiesbaden: Springer Gabler.

Deutsche Post (2013). *Print-Mailing planen. Preisschätzung benötigt.* Zugriff am 29.05.2023. Verfügbar unter: https://print-mailing.deutschepost.de/planen/

Dortmunder Statistik (2022). *Vorausberechnung der Dortmunder Hauptbevölkerung.* Zugriff am 17.05.2023. Verfügbar unter https://statistikportal.dortmund.de/bevoelkerung/vorausberechnung/

Dunker, M. (2006). *Marketing* (Das @Kompendium, 2. Aufl.). Rinteln:Merkur.

Esch, F.-R., Herrmann, A. & Sattler, H. (2011). *Marketing. Eine managementorientierte Einführung* (3. grundlegend überarbeitete): Vahlen.

Erlebe den Impuls (2020). *Ein Training für jedermann? – Für wen ist EMS geeignet?* Zugriff am 20.05.2023. Verfügbar unter https://www.ems-training.de/magazin/article/ein-training-fuer-jedermann-fuer-wen-ist-ems-geeignet

FitX Deutschland GmbH (2023). *FitX – Das Unternehmen.* Zugriff am 17.05.2023. Verfügbar unter https://www.fitx.de/unternehmen

Flyeralarm (2013). Flyer Klassiker bestellen. Zugriff am 29.05.2023. Verfügbar unter: https://www.flyeralarm.com/de/p/flyer-klassiker-4191540.html#/p/FV-4425552&/l/5756

Freter, H. (2008). Markt- und Kundensegmentierung. Kundenorientierte Markterfassung -und bearbeitung. In H. Diller & Köhler (Hrsg.), *Edition Marketing* (2. Aufl.). Stuttgart: Kohlhammer.

Griese, K.-M. & Bröring, S. (2011). *Marketing-Grundlagen. Eine fallstudienbasierte Einführung* (1. Aufl.). Wiesbaden: Gabler.

Jung, H. (2006). *Allgemeine Betriebswirtschaftslehre* (10., überarbeitete Aufl.). München: Oldenbourg.

Keller, S. (2023). *Ranking zum verfügbaren Einkommen pro Einwohner in den 15 größten Städten Deutschlands im Jahr 2020.* zitiert nach de.statista.com. Zugriff am 17.05.2023. Verfügbar unter https://de.statista.com/statistik/daten/studie/998971/umfrage/verfuegbares-einkommen-in-den-groessten-staedten-in-deutschland/

Keller, S (2023a). Arbeitslosenquote in Dortmund in den Jahren 2001 bis 2021. zitiert nach de.statista.com. Zugriff am 17.05.2023. Verfügbar unter https://de.statista.com/statistik/daten/studie/1120707/umfrage/entwicklung-der-arbeitslosenquote-in-dortmund/

Kotler, P. & Bliemel, F. (2006). *Marketing-Management. Analyse, Planung und Verwirklichung* (10., müberarbeitete und aktualisierte Aufl.). München: Pearson.

Kotler, P., Keller, K. L. & Bliemel, F. (2007). *Marketing-Management. Strategien für wertschaffende Handeln* (12. Aufl.). Stuttgart: Addison-Wesley.

Kroeber-Riel, W, & Weinberg, P. (1999). *Konsumentenverhalten* (Vahlens Handbücher der Wirtschafts- und Sozialwissenschaften, 7. verbesserte und ergänzte Aufl., 1999). München: Vahlen.

Meffert, H. (2000). *Marketing. Grundlagen marktorientierter Unternehmensführung; Konzepte – Instrumente – Praxisbeispiele* (9., überarbeitete und erweiterte Aufl.). Wiesbaden: Gabler.

Meffert, H., Burmann, C., Kirchgeorg, M. & Eisenbeiß, M. (2019). *Marketing. Grundlagen marktorientierter Unternehmensführung* (13., überarbeitete und erweiterte Aufl.). Konzepte – Instrumente – Praxisbeispiele. Wiesbaden: Springer Gabler.

Michael Bauer Research GmbH (2022). *Kaufkraft 2022 in Deutschland.* Zugriff am 17.05.2023. Verfügbar unter https://www.mb-research.de/marktdaten-deutschland/kaufkraft.html

16

Norddeutscher Rundfunk (2019). *Gefährlichen Muskelabbau erkennen und behandeln.* Zugriff am 17.05.2023. Verfügbar unter https://www.ndr.de/ratgeber/gesundheit/Muskelabbau-erkennen-und-behandeln,muskelabbau114.html

Pepels, W. (2012). *Handbuch des Marketing* (6., überarbeitete und erw. Aufl.). München: Oldenbourg.

Porter, M. E. (2000). *Wettbewerbsvorteile. Spitzenleistungen erreichen und behaupten* (6. Aufl.). Frankfurt: Campus.

Poth, L. & Poth, G. (2003). *Gabler Kompakt-Lexikon Marketing* (2. Aufl.). Wiesbaden: Gabler.

Statista Research Department (2023). *Arbeitslosenquote in Deutschland im Jahresdurchschnitt von 2005 bis 2023.* zitiert nach de.statista.com. Zugriff am 17.05.2023. Verfügbar unter https://de.statista.com/statistik/daten/studie/1224/umfrage/arbeitslosenquote-in-deutschland-seit-1995/

Terra Sports GmbH (2023). *Über uns.* Zugriff am 17.05.2023. Verfügbar unter https://www.terra-sports.de/ueber-uns/

Weis, H. C. (1999). *Marketing* (11., überarbeitete und aktualisierte Aufl.). Ludwigshafen (Rhein): Kiehl.

Weis, H. C. (2009). *Verkaufsmanagement* (Modernes Marketing für Studium und Praxis,m 7., völlig neu überarbeitete Aufl.). Herne: Kiehl.

Weis, H. C. (2010). *Verkaufsmanagement* (Modernes Marketing für Studium und Praxis,n 7., völlig neu überarbeitete Aufl.). Herne: Kiehl.

Zimmermann, M. (2002). *Standortplanung für Dienstleistungsunternehmen. Das Bei spiel multifunktionelle Sportanlagen.* Wiesbaden: Deutscher Universitäts-Verlag.

6 Abbildungs- und Tabellenverzeichnis

6.1 Abbildungsverzeichnis

6.2 Tabellenverzeichnis